흐르는 대로,

지나도 괜찮아

흐르는 대로, 지나도 괜찮아

초판 1쇄 발행 2024년 10월 5일

지은이 안주현
펴낸이 장현수
펴낸곳 메이킹북스
출판등록 제 2019-000010호

디자인 이정아
편집 이정아
교정 강인영
마케팅 김소형

주소 서울특별시 구로구 경인로 661, 핀포인트타워 912-914호
전화 02-2135-5086
팩스 02-2135-5087
이메일 making_books@naver.com
홈페이지 www.makingbooks.co.kr

ISBN 979-11-6791-598-6(03810)
값 16,800원

ⓒ 안주현 2024 Printed in Korea

잘못된 책은 구입하신 곳에서 바꾸어 드립니다.
이 책의 전부 또는 일부 내용을 재사용하려면 사전에 저작권자와 펴낸곳의 동의를 받아야 합니다.

* 이 책은 2024년 충북젊은작가 창작작품 페스티벌 선정작으로 충청북도의 지원을 받아 제작되었습니다.

홈페이지 바로가기

메이킹북스는 저자님의 소중한 투고 원고를 기다립니다.
출간에 대한 관심이 있으신 분은 making_books@naver.com으로 보내 주세요.

흐르는 대로,

지나도 괜찮아

추천사

 좋은 글은 늘 글쓰기의 기본을 일깨운다. 글쓰기는 일차적으로 기록이면서 궁극적으로 기억이라는 사실. 기록하면서 기억을 불러내고 기억하면서 누군가의 삶을 반추하는 일. 누군가의 죽음을 기록하는 일도 마찬가지다. 죽음 너머로 사라지는 누군가의 기억, 누군가에 대한 기억을 끝까지 붙들어 두려는 마음이 글을 쓰게 하고 또 문학을 하게 한다. 에세이집 《흐르는 대로, 지나도 괜찮아》를 읽으면서 비슷한 생각을 했다. 자신의 삶과 밀접하게 붙어 있는 이들, 가족이나 친구의 삶은 물론이고 그들의 죽음까지 함께 겪어내려는 글쓰기. 죽음이라는 건널 수 없는 강 앞에서, 죽을 만큼 괴로운 심정과 죽지 못해 찾아드는 슬픔과 잊지 못해 되살아나는 기억을 모조리 붙잡고서 전진하는 글쓰기. 그 모든 감정을 붙들고 끝내는 함께 살아내려는 의지로 밀고 나가는 글쓰기. "나는 네가 사라져도 곁에 있고 싶어. 곁에 머무를 수 없어도 난 너 곁에 있고 싶어" 하는 마음이 찾는 말. 긴한 사랑의 말이 아니고서는 담아낼 길이 없는 마음. 말과 마음이 한 몸으로 움직이는 곳에는 좋은 글도 함께 있다는 걸 다시 느낀다.

- 김언(시인, 추계예술대학교 문예창작과 교수)

  다양한 인생의 순간을 겪으며 성장하는 모습을 거짓 없이 보여 준 젊은 작가 안주현의 에세이는, 읽는 내내 스스로를 돌아보게 하고 주변의 젊은이들에게 말을 걸어보고 싶은 마음이 들도록 만들었다. 처음부터 완벽하게 다른 사람은 없다. 각자의 방식으로 최선을 다해, 그들의 삶을 살아가고 있는 것일 뿐. 젊거나 그렇지 않거나 다가오는 모든 순간은 소중하고 그리하여 삶의 지도를 만들어 이를 따라 걷기도, 뛰기도, 또 때로는 쉬기도 하면서 삶은 지속되는 것이다. 누군가에게는 지난하고 누군가에게는 아쉬운 시간은 참으로 공평하게도 모두에게 똑같이 흐른다. 작가 안주현이 겪어온 시간이 어렵고 힘들고, 또 때로는 지쳐 보이지만 그러한 시간을 거치며 작가 안주현은 성장한다. 편견 없는 눈으로 청년을 바라볼 수 있게 만들어 준 젊은 작가 안주현이 들고 찾아올 다음 이야기를 기대해 본다.

- 김유하(시나리오 작가)

| 목차 |

추천사　　　　　　　　　　4

늦은 조문　　　　　　　　10
마지막 시간 여행　　　　　24
빈 화분　　　　　　　　　34
등대 아래서　　　　　　　38
새　　　　　　　　　　　46
기차　　　　　　　　　　52
두부에 담긴 사랑　　　　　56
담백한 이별　　　　　　　64
그 높고 깊은　　　　　　　72
슬픔이란 그림자들　　　　82
흐르는 대로, 지나도 괜찮아　90

|해설|
흐르는 대로, 지나도 괜찮아　96

늦은 조문

 친구의 생일을 기념하기 위해 계곡에 놀러 갔었다. 힘든 학업에 대한 스트레스도 잊고 자연에 나가, 하루를 즐기기로 하였다. 즐겁게 수영을 하기로 하고, 구명조끼까지 챙겨오기로 약속했다. 생일인 친구는 성격도 좋아서 친구들이 유난히 좋아하던 아이였다. 초대된 친구들도 많았다. 누구도 그것이 마지막 생일이 되리라고는 상상도 하지 못했다. 준비성이 없는 한 친구가 구명조끼를 미처 챙겨오지 못하자, 녀석은 망설임 없이 조끼를 벗어 주었다. "나는 수영을 잘하니까 괜찮아." 이것이 운명을 바꾸리라고는 상상도 할 수 없었다. 즐겁게 어울려 놀던 중,

친구가 사라진 것을 뒤늦게 알았다.

워낙 사람 챙기기를 좋아하던 친구라서 이리저리 다니며 부산한 줄만 알았다. 누구도 생일의 주인공이 없어진 걸 눈치채지 못했다. 녀석의 생일날, 그는 그렇게 차가운 주검으로 물속에서 발견된 것이다. 물의 낙차나 흐름이 불규칙한 계곡에서 빙빙 도는 물은 엄청 위험한 것이었다. 불규칙한 수로를 뜻하지 않게 만난 녀석은 애석하게도 그 자리에서 목숨을 잃고 말았다. 너무 당황한 우리는 눈물조차 나오지 않았다. 사건 현장으로 119구조대원이 투입되었고 112에 신고를 하고, 황망한 어머니가 짝짝이 신발을 꿰차고 오셨다. 일이 어떻게 돌아갔는지조차 기억에 없을 만큼 시간의 마디마디가 위태로웠다. 그렇게 우리는 갑작스러운 이별을 하게 되었다.

그 뒤, 나와 친구들은 살아남은 것에 대한 미안한 마음이 너무 컸다. 외아들을 잃은 친구의 부모님은 삶의 의욕을 상실한 채 하루하루를 힘겹게 살아가셨다. 어떤 위로도 할 수 없었다. 삼일장 내내 친구의 빈자리를 절감하면서, 나는 삶이란 것이 이렇듯 가볍고, 숨 쉬는 것이 이렇게 미안하다는 걸 처음 알았다. 우리는 애도를 하면서 삶을 절망으로 몰아넣고 있었다. 삼일장을 하는 건, 그동안은 망자가 이승에 머물기 때문이라고 한다. 그래서 3일의 시간 동안 우리는 고인을 찾아와 차마 다하지 못한 마음속 이야기를 나누고, 마지막 작별 인사를 건네는 것이다.

밝은 조등을 걸며 어머니는 하염없이 우셨고, 우리는 어떤 말로도 이 상황을 극복하지 못했다. 죄책감이 생각보다 크게 자리 잡았다. 가장 축복받아야 하는 날, 우리들의 부주의로 소중한 친구가 하나뿐인 생명을 잃었다고 생각하니 눈물이 앞을 가렸다. 공부도 잘되지 않았고, 친구들끼리도 대화하는 횟수가 줄어들었다. 그 녀석은 운동도 잘하고 공부 또한 잘하는 녀석이었다. 나에게는 늘 작은 공부 노트를 정리해 보여 주었고 모든 친구가 그 아이를 좋아했다. 이 녀석 한 명이 없다는 이유만으로 우리들의 분위기는 무거워졌고 연결고리가 다들 끊어졌다. 물컵의 고인 물만 봐도 물에서 건져진 그 친구의 얼굴이 시리게 떠올랐다. 피부는 분칠한 듯이 하얗게 변해 있었고 입술 색 또한 짙은 보라색이었다. 그 얼굴이 나를 또 한 번 괴롭혔다.

생일 파티에 함께했던 아이들이 처음으로 한자리에 모

였다. 녀석의 증명사진을 확대한 사진이 걸려 있었고 검은 두 줄은 그 녀석의 머리 옆을 비스듬히 갈라놓았다. 우리의 삶과 경계된 한 줄의 완장이 놓였다. 친구의 아버지께서 우리에게 말씀하셨다. "너희 중 한 명만 대표로 완장을 차거라." 원망과 슬픔이 섞여 있던 목소리였다. 그렇게 그 녀석의 아버지는 돌아섰다. 우리는 서로의 눈치를 보았다. 다들 하고 싶지 않은 눈치였다. 입구부터 울음소리가 가득했고 정말 들어가고 싶지 않았다. 한 친구가 조심스레 말을 꺼냈다.

"차고 싶은 사람 있어?"

아무도 대답하지 않았다. 모두가 달갑지 않은 눈치였다. 다들 서로의 눈치를 보던 중, 그 녀석과 제일 친하게 어울리던 친구가 조용히 손을 들며 말없이 완장을 찼다. 더욱 선명한 한 줄이었다. 다 같이 이제 장례식장 안으로 발길을 옮겼다.

하나둘 들어가자 은은히 퍼지는 향 내음과 멀리서 보이던 그 녀석의 영정 사진을 눈으로 확인할 수 있었다. 밝게 웃고 있는 친구는 우리를 향해 모든 것이 장난이라며 뛰쳐나올 것만 같았다. 그러기를 바랐다. 이 모든 게 나의 꿈이길 간절히 바랐을지도 모른다. 향을 꽂고 사진을 향해 두 번 반, 절을 했다. 그 녀석의 어머니는 실신한 듯 절규하고 계셨다. 친척분인지 가족분인 사람에 등에 업혀 검정 한복을 입고 가슴을 치며 우셨다. "불쌍한 내 새끼, 너 혼자 어떻게 가니……. 엄마도 데려가." 그 말을 듣자 우리도 울음이 터져 나왔다.

진심으로 미안했다. 못되게 말했던 의미 없는 말들이 스쳐 지나갔다. 장난으로 "죽을래?"라고 했던 말이 그 녀석을 죽인 것 같았다. 한참을 그 녀석의 영정 사진을 보며 멍하니 서 있었다. 어머니의 모습은 낯설었다. 기억 속의 모습과는 너무도 다른 모습에 조금은 무서운 마음도 들었다.

매일 그 녀석은 우리를 이끌고 자기 집으로 향했다. 축구가 끝나고 흙먼지를 뒤집어쓰고도 "우리 집 갈래?"라며 친절히 건네던 녀석의 모습이 그리웠다. 그렇게 집에 가면 녀석의 어머니는 "하나뿐인 우리 아들 왔어?"라며 우리를 반겨주셨다. 늘 아들 바보였던 모습이 생각났다. 나는 중학생이 돼서 엄마와는 뽀뽀도 하지 않았다. 하지만 녀석은 달랐다. 어머니에게 뽀뽀를 먼저 하던 닭살 돋는 녀석이었다. 어머니도 늘 좋아하셨고, 우리에게도 "우리 아들들~"이라며 엉덩이를 토닥이며 인사하시곤 했다. 길을 지나다 우연히 마주치면, 괜찮다고 말해도 늘 붕어빵 하나 사주신다며 그냥 지나가는 법이 없었던, 마냥 다정하기만 했던 어머니다.

그런 어머니가, 우리에게 손가락질을 하며 울부짖듯 말했다. "너희들 때문에 우리 아들이 죽었어." 어머니의 마음을 전부 다 느낄 순 없지만 조금은 이해할 수 있었다. 원망의 대상이 필요하셨을 것이다. 생때같은 자식을 잃고 한이 맺힌 어머니의 음성은 가슴에 날카로운 가시가 되어 박혔다. 그곳에 앉아 있는 우리, 모두가 죄인이었다. 친구의 사진 위로 피어오르는 연기가 나의 목을 탁 잡아채는 것 같았다. 한 친구는 하염없이 고개를 떨구고 눈물을 쏟아냈다. 울고 있던 녀석이 말을 꺼냈다.

"내가 죽인 거야. 내가 구명조끼만 챙겨왔어도…."

우리 모두 부정할 수 없었다. 만약 내 구명조끼를 받지 않고 주었더라면 죽은 친구 놈의 운명과 나의 운명은 바뀌었을지도 모르니. 우린 그날 이후로 구명조끼라는 말 자체를 안 하기로 했다. 구명조끼를 받은 녀석은 다음 날이 되어도 또 다음 날이 되어도 한마디도 하지 않고 녀석의 사진만 보면 자연스럽게 고개만 떨구며 늘 겁에 질린 얼굴로 사색이 되곤 했다.

그렇게 삼일장이 모두 끝나고 우리가 함께 다녔던 학교를 한 바퀴 돌았다. 선생님들부터 모든 선배 후배들이 울고 있었다. 검은 차는 녀석의 주검을 싣고 학교 밖을 유유히 빠져나갔다. 우리는 같이 발인장과 무덤까지는 따라갈 수 없었다. 모든 녀석이 운동장에 모여 그 차량이 안 보일 때까지 기다리며 인사하고 다들 들어갔다. 다시 마음을 잡고 공부를 하기 위해 책상에 앉아 공책을 폈는데 필기가 가득 적힌 녀석의 노트가 나왔다. 그 녀석도 우리에게 잊히는 것은 무서웠나 보다. 그래서 우리에게 이렇게라도 나를 기억하라며 신호를 준 것 같았다.

가만히 앉아 녀석이 준 노트를 펼쳐 읽었다. 앞장엔 공부에 관한 소소한 이야기였고 맨 뒤에는 꼭 대학을 간다는 그 녀석만의 각오가 적혀 있었다. '꼭 이번 시험은 100점'이라는 말이 적혀 있었다. 내 마음을 또 한 번 세차게 내리쳤다. 사실 시험이 얼마 남지 않은 상황이었지만 자신의 생일 파티를 기대했던 애들을 위해 데리고 갔던 녀석의 얼굴이 떠올라 또 한 번 눈시울을 적시곤 했다.

  그렇게 며칠이나 지났을까. 녀석의 죽음은 옆 학교 학생들에게도 전달되었다. 물에 빠져 죽은 것부터 구명조끼를 누구에게 양보해 죽었다는 사실까지 모든 사람이 알게 되었다. 하지만 암묵적으로 우리는 그날 사고의 당사자에게 아무 말도 하지 않았다. 누구보다 망자의 죽음에 가슴 아파할 것을 알고 있었고 감당하기 힘든 나날을 보내고 있을 것이라 여겼기 때문이다. 생일잔치에 초대받았다는 것, 함께 사고 현장에 있었다는 것, 누구도 끔찍한 사고를 빨리 발견해 주지 못했다는 자책은 오랜 시간 우리를 끈질기게 괴롭혔다. 시간은 흘렀고, 우리는 입시를 앞둔 수험생이 되었다. 계절이 돌아올 즈음이면, 무심한 날들을 살다가도 문득 떠오르는 기억에 마음이 아팠다. 우리는 수능 이후, 어머니를 찾아가 식사를 차려 드리기로 했다. 자식을 잃은 어미의 마음을 어떤 말로 표현할 수 있을까. 어쩌면 우리를 만나는 것이 불편하실 수도 있다. 하지만, 죽은 아들을 대신해 효도하는 것이 남은 우리가 해야 할 마지막 숙제인 것 같았다. 예의 밝았던 친구의 모습이 새삼 그리운 요즘이다.

시간이 지나 우리는 어머니께 찾아갔다. 예전과는 다른 모습으로 우리를 맞이해 주셨다. 우리가 찾아간 이유는 단 하나이다. 어머니께서 우리를 녀석처럼 아들같이 대해 주셨다. 우리는 그 녀석의 역할을 할 순 없다. 그렇지만 조금은, 정말 조금은 어머니를 위로해 드리고 죄송하다고 말씀드리고 싶었다. 아마 녀석도 마음 아파할 것을 생각하면 친구로서 당연히 해드려야 한다고 생각했다.

그 집에 가는 것은 4년 만이었다. 어머니의 시간은 4년 전 그대로를 살고 계셨다. 표정은 어두웠고 암 환자처럼 얼굴은 누렇게 물들어 있었다. 집은 청소도 잘 안 되어 있었고 식탁 위에는 갖가지 약봉지들이 한가득 자리를 차지하고 있었다. 거실 소파에 앉아 넋이 나간 사람처럼 영화만 보고 계셨다. 죽은 녀석의 방은 그대로였다. 지저분하게 어질러진 책상과 바닥에 놓여 있는 녀석의 옷, 조금 다른 건 녀석의 옷들에 콧물과 눈물 자국이 새겨져 있었다는 것이었다. 지금이라도 잠옷을 입고 까치집을 짓고서 우리를 마주해 주길 바랐다. 우리 모두 똑같이 생각했을지도 모른다. 우리 중 대표로 한 명이 작은 목소리로 눈치를 보며 어머니께 말했다.

"어머니, 저희가 말씀드리고 싶은 게 있어서 어머니를 뵈러 왔어요."

처음에 어머니는 고민하시다 우리에게 힘겹게 말씀을 하셨다. 이 일이 있던 후로 처음 듣던 어머니의 목소리였다.

"고맙다."

우리를 보고 예전 녀석의 모습이 떠올랐는지 우리에게 부탁하셨다. "그래, 밥 먹자. 우리 아들 친구들이랑 한 끼 먹어 보자꾸나." 우리는 그렇게 조촐한 한 상을 차렸다. 각자 엄마께 배운 음식을 맡아 음식을 조리했다. 나는 미역국을 끓였다. 미역을 물에 담가 불리고 참기름에 소고기를 볶고 다진 마늘을 넣어서 소금을 넣어 간을 맞추었다. 각자 사 온 재료에 맞추어 정성껏 음식을 완성했다. 처음 만들어 본 요리라 어설펐다. 상을 다 차려 물과 밥을 떠 모든 식탁에 준비를 끝냈다. 우리는 조심스레 어머니께 말씀드렸다.

그러자 보시던 영화를 끄시고는 식탁에 앉아 조용히 밥을 뜨셨다. 폐병 환자 같은 얼굴로 우리가 차린 밥을 드셨다. 아무 말 없이 미역국을 보며 어머니는 눈물을 왈칵

쏟으셨다. 죄스러웠다. 4년이 지난 지금도 우리는 아무런 말도 하지 못한 채 고개를 떨구고 있었다. 눈물이 마르기도 전에 어머니는 아무 말씀도 하지 않고 침묵 속에 식사를 마치셨다. 우리 모두에게 고맙다고 인사하셨고, 우리는 다음번에도 또 차려드리고 싶다며 약속하면서 집을 나왔다.

어머니의 마음을 전부 이해할 수는 없다. 자식을 잃은 어머니의 초라한 모습이 먹먹하게 다가왔고, 친구가 살아 돌아오지 않는 한 어떤 말도 위로가 되지 않는다는 것쯤은 안다. 나도 내게 가장 큰 존재였던 할아버지를 잃은 경험이 있었다. 살면서 가장 소중한 사람을 잃는다는 것보다 끔찍한 일은 없다. 어머니는 현실을 잊고 싶을 때마다 영화를 보시던 것 아닐까? 그저 화면에 눈을 맞추고 속절없이 시간이 흐르기만을 바라셨을 바람이 담기지 않은 당신의 눈…. 세상사가 참 허무하다는 생각이 든다. 바뀌는 장면들을 그저 멍하니 바라보기만 하시는 눈빛이 내내 마음에 걸렸다.

친구가 안치된 곳에 혼자 간 적이 있다. 녀석에게 인사하고 마지막 가는 길까지 어떠했는지 묻고 싶었다. 같이 함께 미래를 꿈꿨고 이 세상을 같이 이끌어 나가자던 녀석의 목소리가 생생했다. 아무 말도 하지 않는 친구가 미워 얼마 머물지 않고 그곳을 빠져나왔다. 망자와 대화를 나누는 것이 익숙하지 않은 나는, 조금 무서운 생각이 앞섰던 것도 사실이다.

친구야, 오늘은 어머니를 찾아뵈었다. 밥도 잘 드시지 않더라. 네가 그곳에서 마음 졸이고 있을까 봐 이렇게라도 이야기한다. 어머니 걱정에 차마 발걸음이 떨어지지 않았을 네가 생각난다. 예전처럼 밝은 모습은 아니지만, 어머니 또한 좋아지셨더라. 조금씩 조금씩 회복하는 중이셔. 그러니 너무 걱정하지 말고 이승에서 하지 못했던 일을 그곳에서 마음껏 펼쳐줘. 우리의 모습을 지켜봐 주라. 어머니는 우리 모두의 어머니로 계실 거야. 사랑하는 친구야! 그곳에서 세상의 시름 잊고 편히 쉬고 있으렴. 부디 안녕히. 나는 이제야 진짜 친구를 위한 마음의 조문을 한다.

모두가 덕분이야, 원망조차 없다면 거짓말이겠지,
너무 슬퍼서 그저 눈을 감고
내 안으로 침잠하는 수밖에.

마지막 시간 여행

 할아버지는 말기암 진단을 받으셨다. 더 이상은 병원 치료도 힘들다는 연락을 받고, 호스피스 병동으로 옮기기를 희망하셨다. 고통스럽게 삶을 연명하기보다는 가족들과 함께 즐거운 추억을 쌓고 마지막 삶을 마무리하기를 바라셨다. 어디가 좋을까. 누구랑 떠나야 할까. 할아버지의 인생, 마지막에 어떤 선물을 하면 좋을까. 추억도 하나의 선물이 될 수 있지 않을까.

 할아버지는 6·25전쟁 중에 가족을 잃은 실향민이자 이산가족의 아픔을 간직한 분이다. 그런 까닭에 살아 계신 동안에는 내내 북한에 두고 온 식구들을 걱정하셨다. 남북 관계가 냉전 체제에 돌입할수록 할아버지의 마음고생은 더욱 심해졌다. 북한에서 가장 가까운 연천에 할아버지는 빈집을 마련하셨다. 가끔 그곳에 내려가 할아버지 혼자만의 시간을 갖곤 하셨는데 가족에 대한 그리움을 그렇게 달래신 것이리라. 함께 생활하는 가족보다 두고 온 식구들을 걱정하는 할아버지가 이해되지 않을 때도 많았다. 하지만 죽음을 앞둔 할아버지를 뵈니 지난 나의 생각이 너무도 죄스럽게 가슴을 죄어온다.

  할아버지를 위해 우리는 여행단을 꾸렸다. 할아버지의 친구 두 분도 여행에 초대했다. 할머니도 함께하는 자리였다. 처음에는 할아버지의 남은 삶이 얼마 남지 않았다는 것을 숨겼었다. 할머니께서 받을 충격이 너무 크지 않을까 염려했기 때문이다. 할머니는 할아버지의 마지막 여행길에 든든한 벗이 되기를 청하셨다. 우리는 할아버지와 함께 마지막 여행을 떠났다. 할아버지는 마지막으로 가족사진을 챙겨 넣으셨다. 북한에 있는 가족들도 함께 떠나는 여행이라며 희미하게 웃으셨다. 삶을 정리하는 순간, 만나보지 못한 가족들이 가장 마음에 걸리시는 것 같았다. 우리는 할아버지와 함께 그렇게 생의 마지막 시동을 걸었다. 할아버지는 병든 몸이지만, 밝은 표정을 잃지 않으셨다. 맛있는 음식을 많이 잡수시지는 못했지만, 식구들에게 맞추어 식사도 하시고 건강한 모습을 보여 주려고 애쓰셨다.

실상, 나도 북한에 관해 관심이 없다. 하지만 할아버지와 함께 살면서 이산가족의 서러운 마음에 공감하게 되었고, 대북 정세에 관해 관심을 가지게 되었다. 가족을 만날 수 없다는 것은 형언할 수 없는 아픔이었다. 할아버지는 늘 가슴속에 가족사진을 품고 다녔다. 할아버지의 마음 안에서 그들은 항상 늙지도 않았다. 추억 속에서 항상 예쁘장한 얼굴을 하고 있었다. 나는 할아버지께 마지막 선물로 옛날 사진을 복원해 드렸다. 흑백사진도 컬러 사진으로 복원이 가능한 곳을 찾아내어 구김이 없는 사진을 마지막 선물로 드렸다. 마지막이라는 말은 가슴에서 쓸쓸하게 울리며 긴 여운을 남겼다.

할아버지와의 이별은 생각보다 빨리 찾아왔다. 가족 중에서 누군가가 영영 내 곁을 떠난다는 것을 처음으로 실감하는 날이었다. 할아버지는 나의 사진을 받아 들고 정말 맘껏 기뻐하셨다. 그런 기뻐하시는 할아버지의 모습은 내 마음에 찰칵, 아름다운 추억을 남겼다. 할머니는 할아버지께 시계를 선물로 드렸다. 할아버지의 시간은 더 이상 돌아가지 않겠지만 지나온 시간과 앞으로의 날들을 응원하는 마음이 담긴 것이었다. 우리는 바다를 배경으로 사진도 찍고 맛있는 유명 음식점도 찾아다녔다. 짧은 시간이지만, 서로의 마음을 숨김없이 이야기하며 마지막 배웅을 준비하고 있었다.

할아버지는 내가 태어나던 순간에 나를 마중해 주신 감사한 분이다. 나의 탄생에 누구보다 기뻐하셨다고 들었다. 여행을 끝내고 돌아와 할아버지는 며칠 더 버티지 못하고 생을 마감하셨다. 할아버지의 웃음으로 생을 마중받은 나는 가슴 아픈 눈물로 할아버지의 마지막을 배웅하고 있다. 남겨진 가족들이 너무 슬퍼하면 돌아가신 분이 가족들 걱정에 저승으로 가는 길이 멀고 험하다고 들었다. 아마도 남은 유족들을 위한 마음의 표현이었겠지만 나는 그 말을 기억하고 최대한 울지 않기 위해 애를 썼다.

할아버지는 당신의 평소 바람대로 연명 치료는 하지 않았다. 연명 치료를 하다가 갈비뼈가 부러져 폐를 찌를 수도 있는데, 생각보다 극심한 고통이라는 말에 가족들도 모두 고개를 저었다.

할아버지의 영정 사진은 바닷가를 배경으로 한 웃음이 가득한 사진으로 모셔졌다. 한 세기를 넘기지 못하는 인간의 유한한 삶을 생각할 때, 할아버지의 시간은 기쁨과 웃음보다 눈물과 한숨이 많은 삶이었다. 전쟁의 비극을 오롯이 경험하고 가족과 헤어져 살아야 했던 처절하고 아픈 생이지만, 우리는 할아버지의 삶을 통해 통일의 진짜 이유를 배웠다. 가족의 참사랑을 느낄 수 있었고 죽음의 경이로움을 배웠다.

할아버지 장례식을 마치고 온 가족이 연천의 빈집에 둘러앉아 할아버지를 추억했다. 할아버지를 향한 미안함도, 원망도, 안타까움과 미련도 모두 조용히 털어내는 고요한 밤이었다. 할아버지 인생의 황혼길은 당신을 마음으로 배웅한 가족들로 인해 외롭지 않았다. 훗날, 북한에 사시는 가족들과도 따뜻하게 조우하시길 바란다. 인생의 여정을 함께한 우리는 할아버지를 아프지 않게 추억할 수 있을 것 같다.

할아버지는 나에게 가장 귀한 것을 선물로 남겼다. 할머니가 마지막으로 선물해 주신 시계를 나에게 남기신 것이다. 할아버지의 유품을 선물로 받았다. 할아버지는 임종을 앞두고 조용히 나를 부르셨다. 설명할 수는 없지만 나는 그것이 할아버지와 나의 마지막 대화가 될 것이라는 걸 어렴풋하게 짐작했다. 할아버지는 기력이 없는 손으로 나의 손목에 시계를 채워 주셨다. 당신이 가고 없는 시간에도 가끔은 할애비를 기억해 달라고 하시며 힘없이 웃으셨다. 아마도 당신의 남은 시간 동안 내게 잘 살아 달라는 마음의 당부를 하고 싶으셨던 것 같다. 나는 할아버지의 시계를 손목 위에 꼭 차고 다닌다. 할아버지가 말로 표현하지는 못하셨지만, 할아버지가 어떤 당부를 하고 가셨는지 나는 가슴으로 읽어낼 수 있었다.

언젠가 이산가족이 상봉하게 된다면, 나는 북에 있는 할아버지 가족들에게 이 시계를 전해주고 싶다. 할아버지가 그리워하며 눈물 흘리셨던 외로움의 시간, 마지막 순간까지 가족사진을 품고 다니며 헛헛해하셨던 그리움의 시간, 가슴 한편에 늘 북에 두고 온 가족을 걱정하며 염려했던 가장으로서의 녹록지 않은 시간을 꼭 알려주고 싶은 까닭이다. 할아버지가 가고 없는데 시간은 잘도 간다. 할아버지만 이 세상에서 부재하신 것 같아 슬프기도

하지만, 할아버지가 진짜 원하셨던 건 당신이 가고 없는 시간에도 주저앉아 슬퍼하기보다는 마음을 다해 추억하고 가족끼리 행복하게 사는 화목한 삶이었을 것이다. 의좋게 지내며 할아버지의 기일이면 오순도순 모여 앉아 당신의 소박했던 인생을 추억해 주기를 바라셨을 것이다.

 할아버지는 지금 어디쯤 걷고 계실까. 사랑으로 딛고 싶었던 북한 땅을 찾아 자유롭게 걸음을 딛고 계시지는 않을까. 그리운 북한 가족들에게 한달음에 달려가 안부를 전하고 계실지도 모른다. 언젠가 자유롭게 하늘을 날아다니는 새를 보며 다음 생에서는 한 마리 새가 되어 국경 없이 훨훨 날고 싶다는 할아버지의 말씀이 생각났다. 어쩌면 할아버지는 한 마리 새가 되어 훠이훠이 자유롭게 노닐고 계실지도 모른다. 당신이 차마 다하지 못한, 남은 삶의 시간을 아름답게 수놓는 손주가 되겠다고 다짐하는 밤. 깜깜한 밤하늘에 별이 유난히도 푸르고 밝다.

가난하게 사랑받았던, 너도 나도 내 시계가 멈추어도 신경 쓰지 않았다. 건전지를 갈아야지, 생각만 하고 아직 멈춰 있는 내 시계로 시간을 확인했다. 너와 나는 같은 공간에서도 다른 시간으로 살아왔던 거야.

내 시계는 아직도 멈추어 있다.

가난하게 사랑받았던 증거의 시간이야.

빈 화분

 우리 집에는 차마 버리지 못하는 빈 화분이 하나 있다. 할아버지가 키우시던 난이 죽고 이제는 화분만 남았다. 할아버지가 돌아가시고, 난은 이유 없이 자꾸 시들었다. 좋다는 식물 영양제도 가져다 꽂아주고, 난 키우는 법 강의를 듣고 물도 적당한 때에 잘 주었지만 희한하게도 난은 자꾸만 시들어 갔다. 할아버지가 살아계실 때는 때에 맞추어 꽃을 피워내고 난 잎이 어찌나 윤기가 흐르는지 사람들이 감탄하고는 했었다. "잎이 건강하네요! 연둣빛이 너무 예쁘네요!", "어머나, 신기하기도 해라. 난에 꽃이 피었네요! 처음 구경하는 난 꽃이에요!" 이웃 사람들은 우리 집에 놀러 오면 "식물이 잘되는 집은 돈을 많이 번대요!"라고 이야기하며 할아버지를 기분 좋게 만들어 주셨다.

  할아버지는 난을 키우며 일상의 소소한 행복을 누리시는 듯 보였다. 난을 위해 클래식 음악을 틀어두셨고, 가끔은 꽃에게 말을 걸기도 하셨다. 조금은 지나치다 싶게 보이기도 했다. 하지만, 난은 할아버지의 기대를 배반하지 않고 잘 자랐다. 새순이 자꾸만 돋아나서 화분을 넓은 것으로 바꾸어 주어야 했다. 할아버지가 돌아가시고, 할머니는 정성을 다해 난을 돌보았다. 생전, 할아버지가 하시던 것처럼 잎 하나하나 깨끗하게 닦아 주시고, 시간을 정해 볕을 쪼여주기도 하면서 할아버지만큼은 아니지만, 난을 키우고자 애쓰셨다. 하지만 난은 자꾸만 시들어 갔다. 할머니께서는 식물도 사람의 손길을 기억하는 것이라며 말도 안 되는 이야기를 하셨다. 할머니의 말씀처럼 난은 할아버지를 그리워하는 듯 자꾸만 아팠다. 누렇게 잎이 뜨기 시작하더니 더는 새순을 내지 않았고, 시들시들 뿌리도 상해갔다. 온 힘을 다해 꽃을 피워내던 녀석은 꽃은커녕 비들비들 말라갔다. 답답한 노릇이었다. 할머니는 할아버지께 죄송스러워했다. 하늘나라에서 자신을 탓하고 있을 거라며 미련스럽게 화분도 하나 제대로 건사하지 못하고 죽였다고 원망할 거라 하셨다.

결국, 난은 그렇게 버려지게 되었다. 난의 상한 뿌리를 뽑으며 할머니는 마치 살아 있는 사람에게 말하듯 자신의 잘못을 고백하셨다. 잘 돌봐주지 못해서 정말 미안하다며. 언젠가 책에서 읽었는데 인디언들은 나무에도 생명이 깃든다고 생각해서, 나무를 베어야 할 때는 나무에게 충분히 그 사정을 이야기하고 예를 다한 뒤에 잘라낸다고 했다. 아마도 할머니는 인디언과 같은 마음으로 난에게 사과를 했을 것이다. 주인을 잃고 할아버지의 손길을 기억했을 녀석을 생각하면 어쩐지 짠한 마음이 든다. 할아버지는 마음씨 좋은 분이셨다.

작은 화분 하나도 최선을 다해 키우시며 가족으로 맞아주신 분, 아마 다시는 할아버지처럼 과한 사랑으로 식물을 돌보는 사람을 이제는 볼 수 없을 것 같다. 과학이 발전하면서 시들지 않는 꽃다발이 등장했다. 몇 달 동안 향기를 뿜으며 형태와 모양이 유지 가능한 신기한 꽃다발이다. 정성으로 돌보지 않아도 된다. 때에 맞추어 피는 것이 아니니 사시사철 눈이 즐거울 수 있다. 하지만 그런 꽃다발 앞에서도 못내 아쉬운 마음이 드는 것은 왜일까. 자연의 순리에 따라 피고 지는 것을 오직 애정 어린 손길로 보듬었던 참사랑이 새삼 그립다. 나도 언젠가 시간이 허락한다면 나만의 화분을 가꾸고 싶다. 난 하나를 키우는 것도 결코, 녹록지 않다는 걸 알고 있는 나는, 함부로 식물을 키우지 않을 것이다. 난에 집중할 수 있는 충분한 시간이 있을 때, 나는 할아버지가 남기신 화분에 씨앗을 심으련다. 내가 당신의 마음에 차는 행동을 하면, 투박한 손길로 그저 쓱쓱 머리카락 한번 쓸어 주셨던 할아버지, 가끔 당신의 그 소박한 사랑이 사무치게 그립다. 우리 집 빈 화분은 결코, 비지 않았다. 할아버지의 사랑을 머금고 눈에는 보이지 않는 사랑의 난을 오늘도 키워내고 있다.

등대 아래서

　바다가 주는 기쁨은 언제나 한결같아요. 바다에서 펼쳐지는 등대의 불빛 아래 서면 그날의 기억들이 새록새록 떠오릅니다. 추억으로 인해 가끔은 아팠고, 때론 쓸쓸했다고 이제는 조심스럽게 고백해도 될까요. 당신은 말씀하셨죠. 이제 아빠의 인생을 살고 싶다고요. 어린 나이였지만, 저는 아빠가 자유로움을 원한다는 걸 알 수 있었어요. 그리고 생각했습니다. '왜 나는 당신의 자유가 될 수 없을까' 하고요. 저로 인해 당신이 자유로울 수 없다는 것은 퍽 슬픈 기분을 안겨 주었어요. 엄마를 따라가라고 하셨죠, 엄마의 손길이 많이 필요한 나이이니, 엄마의 손을 잡

으라고 하셨습니다. "아빠가 좋으니, 엄마가 좋으니?" 마을 어르신들이 짓궂게 물으시면, 고개를 갸웃거리곤 했던 제게 당신의 결정적인 통보는 섭섭한 것이었습니다. 어쩌면 제가 아빠를 더 원할 수도 있지 않을까. 마치 떠맡기 싫은 짐을, 서로 정당한 이유를 앞세워 멀리하는 느낌이랄까요. 하지만, 당신도 퍽이나 외로워 보여서 저는 아무 말도 할 수 없었어요.

  담담히 당신이 나를 떠나며 등을 보일 때, 제 가슴은 미움으로 채워졌어요.

  누구를 향한 원망인지 알 수 없었지만 저는 분노하고 있었답니다. 어린이답지 않게 마음이 서러워졌어요. 삶의 벼랑 끝에 선 느낌이랄까요. 아슬아슬하게 발을 딛고 서 있는 것 같았지만 견뎌내야 한다고 생각했어요. 두 분께 방해가 되고 싶지는 않았거든요. 그날 등대의 불빛이 너무 아름다워서 저는 잠시 한눈을 팔았던가요. 찬란하게 아름다운 불빛 아래서 이별해야 한다는 것이 조금 더 서러웠던 것도 같아요. 저는 환하고 예쁜 어떤 날에도 작별의 감정을 떠올려야 할 테니까요. 아빠와 엄마의 손, 모두를 잡을 수 없다는 게 한없이 슬퍼졌습니다. 다른 친구들이 평범하게 가질 수 있는 것들이 왜 제게는 힘든 결정이 되어야 할까요. 환한 마음은 이내 어두워졌습니다.

어쩌면 한참 동안 보지 못할 걸 깨달았는지도 몰라요. 헤어지기에 등대는 너무 아름답다고 말하고 싶지만, 입을 닫았습니다. 마지막으로 함께 살자고 매달리고 싶었는지도 몰라요. 하지만, 저의 바람이나 소원은 중요하지 않은 순간이란 걸 알 수 있었어요. 그렇게 우리 가족은 헤어져야 했던 거예요. 색색으로 불을 밝히는 등대는 슬프도록 찬란해서 저는 그 핑계로 멍하니 다른 곳을 응시하곤 했습니다. 당신과 눈을 마주하면 왈칵 눈물이 터져 나올 것만 같아서 똑똑하게 슬픔을 피하는 저만의 방식을 택했던 거예요. 덤덤하게 헤어지는 것이 멋스러울 거라고 생각했어요. 아스라한 그리움 한 조각 남겨 두고 싶었고요. 그렇게 우리는 바다의 등대 불빛 아래서 이별을 택했습니다.

작별은 저의 선택은 아니라. 헤어짐의 터널은 길고, 멀었어요. 때때로 저는 가족이란 울타리가 필요했고, 아빠가 필요한 순간들이 있었습니다. 힘든 순간, 당신께 왜 전화하지 않았냐고 묻지는 말아 주세요. 그건 마지막 제 자존심이었어요. 존중받지 못한 이별 앞에서 저도 지켜야 할 스스로의 마음이었습니다. 제 상처를 어루만져 주는 사람은 없었다고 말하면 조금은 야속하실까요. 그렇게 헛헛한 이별의 장소를 매년 홀로 찾아오곤 했어요. 바다를 찾는 사람들은 행복해 보였습니다. 그 긍정의 기운을 받아 때로는 즐거움을 만끽하기도 했고, 혼자만의 시간을 곱씹으며 한없이 슬퍼도 해 보았어요. 그렇게 등대의 불빛에서 저는 아프기도 하고, 치유받기도 하면서 자랐습니다.

  저는 왜 매년 등대가 있는 바다 앞을 찾았을까요. 아마도 그날의 우리를 잊지 않고 싶었던 것 같아요, 어쩌면 안쓰러운 마음으로 당신의 뒷모습을 기억하고 싶었는지도 모릅니다. 그래야만, 언젠가 당신을 만나도 이해하고 용서할 수 있을 것 같았거든요, 우리는 언젠가 만나자, 고 약속하지 않았습니다. 그날 이후, 저는 당신의 삶의 거처나 안부를 묻지 않았어요. 그저 어딘가에서 나를 한 번쯤은 떠올려 주겠거니, 막연하게 생각만 했지요. 그리워도 마음에 묻을 사람이 있다는 건 덧입진 상처에서 배운 것들이었습니다. 마음이 시린 날 스스로를 위로하는 방법도 배웠지요.

생각보다 오래된 바다 앞 등대의 불이 나간 날, 처음으로 당신을 찾아보고 싶었습니다. 기억할 만한 장소를 잃은 제게 당신의 부재가 새삼 크게 다가왔는지도 몰라요. 당신의 이름과 주민번호로 조심스럽게 당신을 추적해 볼 요량이었어요. 만나면 어떤 말을 할지 생각하느라 시간이 지났고, 어디를 가야 할지 무엇을 먹어야 할지 아니면 먹지 말아야 할지 고민하는 사이 또 덧없이 시간이 갔습니다. 제법 쌀쌀한 바람을 등에 이고, 당신의 앞선 걸음을 뒤쫓던 저는, 이미 오래전 당신이 세상을 떠난 것을 알게 되었어요. 허망한 마음이 들었고, 또다시 긴 이별을 저의 동의 없이 택한 당신이 미웠습니다. 가슴 밑바닥에서 아득한 슬픔이 밀려왔어요.

당신이 눈감던 날, 저는 어떤 모습으로 숨을 쉬고 있었을까요. 혹시 그날 하루쯤 마음이 홀로 외롭거나, 종일 운수가 없는 불행의 기운이 저를 스쳤을까요. 저는 끝도 없이 그날의 제 모습이 궁금하기만 했습니다. 수많은 사연의 민낯을 저는 만나보지도 못하고 또, 작별해야만 했어요. 숨을 뱉었을 하루를 끝도 없이 그려 보았지요.

  인터넷으로 바다 앞 등대를 찾아 오래도록 걸었습니다. 당신과 서 있을 법한 자리에 우리의 모습은 없고, 빈집처럼 덩그마니 얼룩진 우리의 마음만이 남았어요. 상처로 얼룩지고, 시간으로 덧입혀진 서로의 얼굴을 어쩌면 알아보지 못할 수도 있겠습니다. 변해 버린 서로가 오히려 편한 관계가 될까요. 혹여, 제가 먼저 당신의 모습을 알아본다면, 성큼성큼 다가가겠습니다. 그러니, 부디 저를 알아봐 주세요. 당신의 온기가 참, 그리운 밤입니다. 자라고 나니, 저는 당신을 "아빠!"라고 부를지 "아버지!"라고 부를지 고민하게 되어요. 오직 하나의 존재를 부를 호칭을 오래오래 담고 읊어 봅니다.

  아버지, 아니 아빠! 바다 앞 등대의 불은 여전히 밝고 따뜻합니다. 다시 아버지와 아들이 되어 그날의 거리를 걷는다면 어린이처럼 떼쓰고 울어볼래요. 제 마음에만 오롯이 집중해 보고 싶어요. 바람을 말로 뱉지 못했던 어리고 속이 찬 꼬마가 아닌, 평범한 아이의 슬픔으로 아빠께 다가가고 싶어요. 사실은 말하고 싶었거든요. 당신과 살고 싶다고. 엄마도 아빠도 모두 소중하고 필요한 존재라고요. 다시는 저를 두고 가지 마세요. 부디, 안녕히-

등대의 불빛 아래서-
당신의 어린 아들이 그날을 기억하며-

무언가 듣고 싶었다면 변명이나 대화보다 시간으로 풀어야 해. 시간의 공식이 풀리면 자연스레 떠올리게 해, 당장 알지 못한다고 한들 묻고 또 물어봐도 시간은 우리를 가두는 것 같아. 그 시간 속에 우리가 죄인 건지,
그 시간이 죄였던 건지.

새

 어린 나이에 결혼하신 부모님께서는 내가 아직 어릴 때 이혼하셨다. 어린 시절, 나는 조부모의 손에 맡겨졌다. 어쩔 수 없는 선택이었다고는 하지만 부모님이 원망스럽기도 했다. 가족이 모여 외식하는 모습을 보면 너무도 부러워서 공연히 집에 돌아와 심술을 부리곤 했다. 할아버지께서는 사업체를 운영하셨는데 자금 회전이 좋지 못했다.

 돈이 돌아야 운영이 가능했던 형편이었고 할아버지는 대금을 독촉할 수밖에 없으셨다. 하지만 애석하게도 결제 대금을 독촉하는 과정에서 죽임을 당하셨다. 자신의 주어진 명대로 살지 못하고 타인에 의해 잔인하게 죽게 되신 것이다. 칼에 찔려 죽임을 당하신 할아버지의 마지막은 너무도 처참했다고 들었다. 할머니께서는 내가 충격을 받을까 봐 할아버지의 마지막을 보여 주지 않으셨다.

처음 할아버지의 사고 소식을 들었을 때 나는 절망했다. 도무지 믿어지지 않았다. 아직, 할아버지가 살아 계시다고 믿었다. 할아버지의 장례식장을 다녀와서도 죽음을 받아들이지 못했다. 언젠가 할아버지는 내게 물었다. "다시 태어나면 무엇이 되고 싶으니?" 아마도 자신의 마지막을 알고 계셨던 것 같다. 나는 죽는다는 것, 다시 태어나는 것에 대한 개념이 없었다. "꼭 다시 태어나야 해요?"라고 되물었다. 할아버지는 내 머리를 쓰다듬어 주시며 "할아버지는 다시 태어나면 한 마리 새가 되어 훨훨 날아다니고 싶구나!"라고 말씀하셨다. 나는 왜 할아버지가 새가 되고 싶은지 묻지 않았다. 시시했기 때문이다.

"솔개라는 아주 멋진 새가 있어. 70년을 산다고 하는구나! 그런데 40년을 살면 결정을 해야 해. 그때가 되면 부리도 형편없이 구부러지고 날카롭고 예리한 발톱도 형편없이 무뎌지거든. 창공을 가르던 날개도 차츰 무거워지게 되는데 솔개는 남은 시간을 스스로 결정해야 하지. 자신의 부리와 발톱을 뽑고, 바위에 갈아 날개를 새롭게 완성해 마지막까지 솔개답게 살 것인가, 아니면 볼품없는 새로 전락하고 말 것인가를 자신이 스스로 정하는 거야."

재미없는 동화를 빠르게 읽는 듯 할아버지는 말씀하셨다. 나는 그저 새가 70년을 산다는 것이 신기했고 새가 자신의 시간을 결정한다는 것이, 정말 놀라웠다. 그래서 그 이야기가 머리에 남았다. 머리가 나쁜 사람들에게 '새대가리'라고 욕하는 것도 들은 적이 있어서 할아버지의 말씀이 지어낸 얘기처럼 들렸다. 그리고 부리와 발톱을 뽑는다는 건 정말 아플 것만 같아서 바위에 날개를 쓱쓱 비벼대는 솔개의 모습을 상상하니 눈이 질끈 감겼다.

할아버지는 마치 유언처럼 이 말씀을 남기시고 멀리 떠나가셨다. 당신의 죽음이 측은한 건 준비조차 할 수 없었던 슬픔 탓이다. 자신의 마지막을 예감하며 홀로 남을 손주 걱정에 마음 아프셨을 할아버지를 생각하면 지금도 눈물이 난다. 당시 할아버지께서도 당신만의 결심이 필요하셨던 모양이다.

손주를 키우기 위해 최선을 다해 살고자 마음을 다잡기 위해 솔개를 기억해 내셨던 것은 아닐까. 할아버지께서 대금을 독촉하신 사연 뒤에는 손주를 향한 무거운 책임감이 있었을 거라 생각한다. 그래서 나는 당신의 죽음에서 자유롭지 못하다. 아직 누군가에게 입 밖으로 꺼내 이야기하지 않았지만, 내 마음속에는 할아버지 죽음에 대한 그늘이 남아 있다. 끝내 지고 가야 할 나만의 짐이라 생각한다.

당신의 죽음을 기억하며 나는 삶에 대해 몇 가지 약속을 했다. 당신이 계시지 않더라도 내 몫의 삶을 잘 살아내겠다는 것, 할머니께 마음을 다해 효도하는 것, 그리고 내 삶을 원망하지 않겠다는 것이다. 주어진 조건에 만족하지 못하고 살다보면 끝도 없이 한스럽다. 하지만, 나보다 못한 환경과 처지에서도 최선을 다해 살아내는 사람들을 생각하면 지금의 고민도 사치라는 생각이 든다.

나는 할아버지가 남긴 말씀을 생각하며 매일매일 40년이 된 솔개가 되어 하루를 연다. 내게도 불운이 예상치 않게 다가올 수 있는 것이고, 40년 후의 인생을 계획하고 살기에는 현대 사회는 너무 많은 위험에 노출되어 있다. 매일 아침, 솔개가 되어 하루를 연다. 부리를 갈고 발톱을 뽑는다. 단정하고 정직한 마음을 늘 환기한다. 바위에 날개를 갈고 새로운 비상을 늘 준비한다. 그것이 당신과 마주하는 날, 가장 당당한 나의 모습을 갖출 수 있기 때문이다.

한 마리 새가 되어 자유롭게 날고 싶다던 할아버지! 선산에 당신을 모시고 돌아서는데 작고 귀여운 참새 한 마리가 짹짹 앞장서서 걷고 있었다. 내 눈에 그 아기 참새는 내게 인사를 하러 찾아온 할아버지 같았다. 내가 가까이 다가가도 도망치지 않고 짹짹거리며 귀여운 모습으로 나를 빤히 올려다보았다. 고통스럽게 당신의 인생을 마치신 할아버지는 위엄 있는 솔개가 아닌 사랑스러운 참새로 다시 태어나신 건 아닐까.

이제, 나도 당신의 물음에 답할 수 있을 것 같다. "할아버지! 다시 태어나면 무엇이 되고 싶냐고 제게 물으셨지요? 저도 할아버지처럼 새가 되고 푸른 하늘을 마음껏 날고 싶어요. 어떤 새가 되어도 상관없어요. 다시 할아버지와 가족이 되고 싶어요. 그땐 우리 일찍 헤어지지 말고 한 가족으로 오래오래 살면서 마음껏 하늘을 훨훨 날아 보아요. 그땐 놓치지 않고 할아버지 뒤를 따를 거예요." 문득, 올려다본 파아란 하늘이 눈이 부시도록 시리다.

기차

 기차 안에서 사람들은 모두가 이야기꾼이었다. 서로 간식을 나누었고, 대화하며 소박한 정을 쌓았다. 옆자리에 앉았다는 이유만으로도 인연이 될 수 있었던 시절이다. 삶은 달걀을 나누어 먹고 스치는 풍경에 대해 자연스럽게 소통하던 시절이 있었다. 하지만 지금은 모든 것이 달라졌다. 속도가 중요한 세상이 되었고 우리는 시간에 쫓겨 살며 늘 잠이 모자라다. 눈에는 수면 안대를 끼고 잠을 자는 사람들이 대부분이다. 기차 안에서 말소리는 점차 사라졌다. 대부분이 혼자만의 시간을 갖고 싶어 한다.
 그날 눈에 띄게 혼자 계시던 할아버지는 어리둥절해하

시며 섬망 증세를 일으키시는 것 같았다. 발버둥 치시며 이곳에 있기 싫다는 행동도 보이셨다. 그 모습을 보고 바로 다가갔다. 나까지 같이 마음이 조급해졌다. 나는 할아버지가 놀라시지 않도록, 천천히 역을 설명해 드렸다. 그리고, 고향의 풍경에 대해 물었다.

  나와 할아버지의 수상한 대화를 듣던 주변의 사람들이 우리를 돕기 시작했다. 다들 친절하게 할아버지의 성함과 고향을 묻고 놀라지 않게 안심시켜 드렸다. 요즘의 우리는 어떠한가. 이어폰을 꽂고 있거나 스마트폰 화면에 집중하며 우리는 더 이상 말을 하지 않는다. 주변에 관심을 두는 사람은 극히 드물다.

  고속화된 기차는 빠른 속도로 지나며 창밖의 이야깃거리들을 모두 집어삼켜 버렸다. '기차'라고 하면 떠오르는 사건이 하나 있다. 여느 때처럼 할아버지를 뵙기 위해 고향을 찾던 길이었다. 치매 어르신을 만난 것이다. 초점이 없는 흐리멍덩한 눈으로 할아버지는 자꾸만 지금 이곳이 어딘지를 물었다. 아마도 자신의 목적지를 잊어버리신 듯 보였다. 주변인들은 상냥한 말투로 할아버지를 안심시켜 주셨다. 다행히 할아버지의 손목에는 할아버지 가족의 연락처가 적혀 있었고, 가족에게 연락을 할 수 있었다. 치매가 생긴 아버지를 위해 딸이 팔찌를 채워둔 것이었다. 초기 진단을 받은 지 얼마 되지 않았는데 증상이 빠르게 악화되는 듯했다. 가족 모두가 서울에 살고 있는데 젊은 날의 기억을 좇아 아버지는 수시로 기차를 타신다며 딸은 젖은 한숨을 쉬었다. 정신이 병들지 않았던 지난날을 기억하며 할아버지는 기차를 타고 달리고 싶으셨던가 보다. 치매라는 것이 참 요상한 구석이 있어서 먼 기억은 가깝게, 가까운 기억은 멀게 생각한다고 한다. 다행히 여러 사람의 도움으로 할아버지는 가족의 품으로 안전하게 돌아갈 수 있었다.

고향에 도착해 할아버지를 뵈니, 그저 건강하게 계셔 주는 것만으로도 감사했다. 환하게 웃으시며 손을 흔드시는 모습이 그렇게 고마울 수가 없었다. 맑은 정신으로 살아 주시는 것이 얼마나 큰 축복인지 깨닫게 된 것이다.

사람들의 마중과 배웅이 녹아 있는 기차역. 군대를 보낸 여인의 눈물이 서려 있기도 하고, 고향을 등지고 떠나는 이의 한숨이 서려 있기도 하다. 대도시로 유학을 떠나는 청년의 야심이 서려 있기도 하고, 빈손으로 다시 고향을 찾는 누군가의 서글픔이 어리기도 한, 우리들의 기차역, 기차는 지금도 여러 사연을 싣고 달린다.

  사람들은 더 이상 기차에서 어떤 추억도 만들 수 없을지 모른다. 사람들이 더는 옆자리에 앉은 누군가를 향해 말을 걸지 않기 때문이다. 음식을 나누는 일은 상상도 할 수 없다. 음료를 건네면 의심을 받게 되는 현실이다. 사회에 무서운 범죄가 급증하면서 우리는 이웃을 품어 주는 마음을 잃었다. 기차의 애정 어린 풍경이 사라진 것이다. 나는 가끔 그립다. 치매 어르신 한 분으로 소란스러웠던 그날 기차 안의 풍경이 새삼 그리워지는 것이다. 이제 기차는 외로운 사람들의 피곤을 싣고 달린다. 최대한 빨리 그들을 목적지에 데려다주는 것만이 기차가 할 수 있는 유일무이한 일이 되었다. 각자의 삶을 견디며 살아야 하는 쓸쓸하고 외로운 사회다.

두부에 담긴 사랑

 할머니는 아침 일찍 흰 두부를 사 오셨다. 오늘은 외삼촌을 마중하러 가는 날이다. 불미스러운 일에 휘말린 삼촌은, 징역을 살다 오늘 집으로 돌아오신다. 삼촌이 부재한 시간 동안 할머니는 많이 야위셨고, 늘 삼촌을 위해 쉬지 않고 기도했다. 나는 그런 할머니께 야속한 말을 툭툭 뱉어 내곤 했다. 우리가 정한 법의 기준에서 명백히 삼촌은 범죄를 저질렀고, 아무리 가족이라고 해도 용서해서는 안 된다고 생각했다. 할머니가 기도하시면 나는 비아냥거리며 말했다. 피해자의 입장에서 생각해 보세요. 그런 기도를 하실 수 없을 거예요. 삼촌은 건설 회사 감독직을 맡고 있었고, 안전 장비가 미비한 가운데 하청업체 직원이 사고를 당했다. 다행히 큰 부상은 막을 수 있었지만, 운이 좋았던 것이지 큰 화를 당할 뻔했다.

  하청업체 직원들은 삼촌의 잘못을 용서해 주지 않았다. 전에도 이런 경우가 수시로 있었다. 늘 삼촌은 남에게 피해를 주는 일만 했던 것 같다. 술을 먹으면 늘 싸움을 일으켰다. 추적추적 비가 오는 날, 할머니 대신 우리 엄마가 경찰서에 나가신 적도 많다. 툭하면 사고를 쳐서 합의도 쉽지 않았고, 강력한 처벌을 원하는 탄원서를 제출해 삼촌의 처벌을 바라는 피해자들도 있었다. 그럴 때면 피해자의 가족이 원망스럽기도 했지만, 당연히 치러야 할 몫이라고 생각했다.

  되풀이되는 삼촌의 사건 이후, 할머니의 눈물은 좀처럼 마를 날이 없었다. 변호사를 선임하는 과정에서도 눈물을 뚝뚝 흘리며 슬퍼했고, 면회 가서도 할머니는 우셨다. 아침 일찍 첫 면회를 하면 2분의 시간을 더 준다고 새벽마다 걸음을 재촉하시는 할머니가 나는 도무지 이해되지 않았다. 누구도 삼촌에게 새 인생을 기대하지 않았다. 그냥 조용히 살아주기만을 바랐지만, 그조차 하지 못하는 삼촌이 아닌가.

 나는 너무 답답한 나머지 엄마께 할머니 때문에 속상하다고 말씀드린 적이 있다. 부모가 자식을 끔찍하게 사랑하는 건 어쩔 수 없는 것이라며 엄마도 나에게 할머니를 이해하라고 하셨다. 그걸 조용히 듣고 계시던 아버지는 고민하시다 가족끼리 밥을 먹는 자리에서 먼저 이야기를 꺼냈다. 너무 편들고 걱정하실 필요 없어요! 감싸주는 것도 한계가 있지요. 아버지는 평소와는 달리 매몰차게 말씀하였다.

 녀석도 죗값을 다 치르고 나오겠지…, 라고 말끝을 흐리며 말씀하셨지만, 할머니의 얼굴에는 섭섭함이 묻어났다. 밥도 잘 안 드시고 묵주를 조용히 들어 할머니는 예수상 앞에서 기도하셨다. 못난 삼촌이 뭐가 좋다고 그렇게 기도를 하는지. 만약 신이 계신다면 빨리 기도를 들어주시길 원했다. 할머니는 감옥 안에 갇힌 삼촌이 마음의 용기를 잃지 않도록 최선을 다해 뒷바라지하셨다. 그런 할머니의 마음이 과연 전달될지 의심스러웠다.

 어렸을 적에는 삼촌이 좋았다. 맞벌이하셨던 아빠와 엄마는 일 때문에 잘 놀아주시지 못했다. 하지만 삼촌은 조그마했던 작은 나의 손을 잡고 같이 매일 놀이터를 데리고 가셨고, 같이 앉아 구슬치기도 했다. 엄마보다도 삼촌과 자는 것을 좋아했던 나였다. 삼촌이 읽어주시는 동화책이 무척 재미있었기 때문이다.

하지만 지난 과거일 뿐, 삼촌과 나의 관계는 삐거덕거린 지 오래다. 늙은 할머니가 삼촌 때문에 아픈 걸 알면서도 삼촌은 늘 할머니를 아프게 한다. 그것이 삼촌이 싫어진 가장 큰 이유이다. 매일 같이 할머니는 삼촌이 결혼하면 나아질 거라고 말씀하셨지만, 삼촌에게 결혼할 생각 따위는 없어 보였다. 제 가정도 꾸리지 않고 늘 할머니를 근심하게 만드는 삼촌이 싫었다.

이번 일을 계기로 아마 삼촌은 할머니의 마음을 헤아려 참된 마음으로 새사람이 되어 나오실 것이다. 더는 직책에 연연하며 무책임한 태도를 갖지 않으실 것이다. 삼촌이 출소하기 전날 밤, 할머니는 촛불을 켜놓고 계속해서 기도하셨다. 적어도 내가 잠들기 전까지는 할머니는 앉아 기도하고 계셨다. 부스럭 옷을 입는 소리에 나는 잠에서 깨어났다. 할머니의 투박한 손이 차가운 바람을 맞아 빨개져 있었다. 할머니는 김이 몽글몽글 피어나는 두부 한

모를 사 오셨다. 그렇게 잠에서 깨 본 할머니는 사 오신 두부를 안고 말갛게 웃으셨다. 지상 최고의 음식을 구한 듯 밝은 눈빛으로 아들을 마중하기 위해 새벽부터 분주했다.

그런 할머니를 보니 마음이 쓸쓸했다. 저렇게 애틋한 부모의 마음을 부디 삼촌이 알아주었으면 좋겠다. 나의 눈에 비친 삼촌은 퍽 이기적인 사람이었다. 가족 행사에 수시로 빠졌고, 할머니께 용돈을 주는 일에도 인색했다. 돈을 많이 벌면 효도한다더니 정작 큰돈을 만졌을 때도 할머니께 좋은 선물 한 번 사주지 않았다. 그런 정 없는 삼촌은 나에게 거부감이 들게 했고, 가끔 삼촌이 다가와 학교 성적을 묻거나 교우 관계에 관해 물으면 시큰둥하게 대답하고는 했다.

내게 있어 삼촌은 별로 친해지고 싶지 않은 사람이었다. 어쩌면 살갑지 않은 건, 그냥 삼촌의 성격인지도 모른다. 하지만 나는 그런 삼촌의 무심함이 서운했다. 삼촌의 빈자리가 느껴졌던 건, 온전히 할머니 때문이었다. 당신의 아들을 위해 쉬지 않고 기도하시는 할머니, 혹여 집 떠난 자식이 몸이라도 상할까 봐 근심하는 할머니를 보면 이해가 되지 않으면서도 못내 안쓰러웠다. 갇혀 있는 삼촌을 대신해, 변호사 선임계를 제출하고, 변호인 비용을 마련하고, 매일 경찰서로 가 사건 기록을 들여다봐야 하는 엄마의 분주함도 마음에 들지 않았고, 고생하는 엄마가 아빠의 눈치를 보는 상황은 더더욱 싫었다. 그런 할머니의 아들 사랑이 마뜩잖았다.

감옥에서 출소하면 두부를 먹인다고 한다. 새하얀 두부처럼 새로운 사람이 되라는 의미도 있지만 이리 둥실 저리 둥실 다툼 없이 살아야 한다는 의미도 담겨 있다. 두부를 마련해 오는 가족의 정성을 생각해서라도 수감되어 있던 많은 죄인이 제 몫의 아름다운 삶을 살았으면 좋겠다. 두부는 어느 요리에 섞여 있어도 특유의 담백한 맛을 낸다. 비단, 우리 삼촌에게만 해당되는 마음만은 아니다. 가족 중에 누군가가 자유롭지 못한 삶을 살면, 남은 식구들의 인생도 덩달아 고달파진다. 할머니는 삼촌의 죄의 무게를 묵묵히 대신 지고 걸으며, 얼마나 힘든 시간을 보냈던가. 부디 삼촌이 그 위대한 사랑의 마음을 헤아려 주었으면 좋겠다.

나에게 두부는 용서의 한 조각이다. 끝내 마음을 풀 수 없을 것 같았던 삼촌을 향해 마음의 빗장을 허문 것은 할머니를 향한 이해의 마음인 탓이다. 뜨끈한 두부 한 조각이 세상을 향한 따뜻한 시선을 삼촌에게 허락해 주길! 두부가 담긴 검은 비닐봉지를 흔들며 삼촌의 새 세상을 마중하러 가는 할머니, 당신의 발걸음이 유난히 씩씩하고, 가볍다.

나는 네가 사라져도 곁에 있고 싶어. 곁에 머무를 수 없어도 난 너 곁에 있고 싶어. 사랑이 아닐 수 있지만 난 이걸 사랑이라고 부르고 싶어.

담백한 이별

팡팡 눈물이 폭죽 터지듯 터졌다. 할머니 가슴에 꽃을 달아 드렸다. "고생하셨어요."라고 나지막하게 말을 꺼내었다. 교직 생활을 마치시며 퇴임사를 하셨다. "오지 않을 것 같던 영광스러운 자리에 왔다."는 말과 함께 할머니의 눈에서는 뜨거운 눈물이 흘렀다. 앞으로의 날들을 축하하며 다들 그 자리에서 축하와 함성을 보냈다. 많은 분들이 할머니께 감사했다고, 고생하셨다고 인사했다. 62년간의 할머니의 인생은 마치 하나의 마라톤 같았다. 30년을 묵묵히 달리신 할머니, 나에게 배턴을 넘기면서, 담백한 이별을 하였다. 나도 할머니도 그곳에서의 새로운 출발을 알렸다.

*

　20살, 남들은 모두 기대한다. 자유라는 기꺼운 짐을 어깨에 짊어지고 희망차게 앞으로 나아간다. 자유를 몸에 둘러매며 책임이라는 돌을 끌어내는 결코, 어리지 않은 나이이다. 내 친구들은 여행을 다녔다. 고등학생의 3년을 열심히 끝내고 부모님들의 지원을 통해 여러 나라를 여행하던 친구, 출석만 잘했던 친구는 자신이 꼭 가보고 싶던 나라에 오래 머물렀다. 젊은 나이에는 선진국을 돌아야 한다며 호기롭게 웃었다.

　다양했다. 아이슬란드의 흰 백야의 산맥, 스페인의 특이한 양식의 건물과 노을들을, SNS를 통해 자신의 삶을 자랑하듯이 올렸다. 술을 먹으며 밤을 새우는 친구들도 많았다. 어쩌면 내 주위에 그런 친구들밖에 없었는지도 모르겠다. 난 내 20살과 깔끔하게 이별했다. 주변의 것과 서둘러 결별했다. 할머니를 위해 철이 꽉 찬 삶을 준비하고 싶었다. 당신의 노후를 책임져 주는 듬직한 손주가 되고 싶었다.

진로를 두고 진지하게 고민했다. 이렇게 나의 20대를 허투루 낭비하고 싶지 않았다. 어떤 일을 해야 할지 할머니가 달리신 길을 그 길을 나도 보았다. 나도 저렇게 오래 천천히 달리고 싶다고 생각했다. 늘 속 썩이는 손자였던지라 어쩌면 다른 것을, 먼저 경험하고 싶었다. 몸이 좀 고되더라도, 인내하는 법을 배워보고 싶었다. 포기하는 법도 알고 싶었다. 세상을 살면서 모든 걸 누릴 수 없다는 건 정직한 삶이 가르친 인생의 교훈이었다.

군 복무를 마치고 직업 전선에 뛰어들었다. 신문사에 취업한 나는 영상과 관련한 일을 하게 되었는데 전공과 부합한 직업이라 귀한 자리였다. 좋은 선배들을 만나 많은 가르침을 얻고 있다. 하지만 사회 초년생에게 모두가 관대하지 못했다. 내 몫의 일을 제대로 하지 못했을 때는 혼도 나고 서럽기도 했다. 먹고살기 위해 하는 일이라고는 하지만 녹록지 않음을 느낄 때가 많다. 할머니가 존경스러워 보였다. 내 주변 어른들의 무게를 가늠할 수 있었다.

늘 성실함을 무기 삼아 생활하셨던 할머니, 긴 세월 일을 하시면서 얼마나 고단하셨을지 지금에야 비로소 헤아리게 된다. 지금도 할머니는 아침에 눈을 쉽게 뜨지 못하는 나를 대신해 알람을 맞추고 주무신다. 따뜻한 아침을 먹이기 위해 곰탕을 끓이시고 가족을 위해서는 여전히 많은 집안일을 도맡아 하신다. 할머니는 집안의 온기 같은 존재다.

나는 그런 할머니께 일부러 반찬 투정도 하고 솜씨를 보여 달라며 응석을 부리기도 한다. 할머니가 일부러 움직이게 만들고 싶은 마음이다. 갑자기 한가해진 할머니는 무료해 보이신다. 하지만 여전히 손이 많이 가는 손주가 있으니 할머니는 한가해지실 수가 없다. 직장에서도 틈틈이 시간이 생기면 할머니께 전화를 건다. 가끔은 쑥스럽지만, 영상 통화도 하고 하루의 고단한 일과를 조잘조잘 이야기한다. 막내딸처럼 다정한 손주로 살고 있다.

할머니께 그것은 유일한 낙이라는 걸 너무도 잘 알고 있는 까닭이다. 오롯이 한길을 묵묵히 걸어오시면서 얼마나 힘드셨을까. 몸이 고단한 날에도 일터로 나가셨을 할머니의 걸음을 이제야 돌아보게 되었다. 왜 그땐 몰랐을까. 사회에 나와 직접 발로 뛰어보니 돈을 버는 것이 참

힘들다. 한 달 월급이 귀하고 그 돈을 규모에 맞게 쓰는 일도 결코, 쉽지 않다는 것을 이제는 안다. 당신의 마음을 이해하게 되었다. 당신의 급여를 쪼개고 쪼개 나를 뒷받침하셨을 고단한 날들이 이제야 눈에 밟힌다.

난 현장에서 뜨겁게 살고 있다. 새벽에 일찍 출근하는 날도 있고, 집에 못 들어가고 다음 날 퇴근하는 날도 잦다. 이 일을 시작하기 전에 할머니께서 많이 일러주셨다. 어린 손자의 첫 시작이 고되지 않기를 바라는 마음에 굳게 맘먹고 하라며 알려주셨다. 처음에는 괜찮아 보였다. 경험해 보지 못하면 알지 못한다는 어른들의 말이 정말 토씨 하나 틀리지 않았다. 처음에는 너무 힘들었다. 사회는 우리의 세대가 바라보는 것처럼 쉽지 않았다. 하나하나가 어려웠다. 하지만 나는 할머니의 마라톤 관객으로만 남고 싶지는 않다.

이제 배턴은 할머니를 지나 내 손 안에 인계되었다. 할머니는 직업과의 이별을 했고, 난 할머니 품에서의 이별을 앞두고 있다. 각자의 위치, 각자의 삶에서 담백한 이별을 맞이한 우리다. 새로운 시작, 새로운 이별이 기대된다.

매일 속였어. 나를 그게 다른 사람으로 만든다고 생각했어. 되고 싶었다. 철저히 혼자, 혼자이고 싶어서 나를 바꾸고 나를 벗어던졌어. 날 바꿀 수 없다면 날 버리고 다시 살고 싶어.

그 높고 깊은

아버지,

아프시던 허리는 괜찮아요? 오늘 병원에 가 본다고 하셨으니. 지금쯤은 집에 당도하셨겠죠.

아버지의 아들은 대서양 한가운데를 지납니다.

인천을 떠나온 지 14시간, 일본을 지나 저의 목적지까진, 아마 두 시간 정도 남짓 비행시간을 남겨 두고 있습니다. 놀랍습니다. 16시간 만에 그린란드까지 날아갈 수 있다는 말입니다. 누크라는 이 새하얀 대자연에 들어갑니다. 이렇게나 먼 곳을 16시간 만에 빨리 갈 수 있다는 게 행운인 것 같습니다. 점점 추워지기 시작하는 것 같습니다. 새로운 땅과 새로운 사람을 만나는 인류의 선조들의 마음이 이랬을까요.

내 좌석은 a42.
창밖 햇빛은 투명하고 힘차 보입니다.
대서양의 바다는 뒤로 쓰러지고 어느새 눈 덮인 구름들이 다가듭니다. 저기 저 구름들 너머 어디쯤 정결했고 순수했던 갓난아이 같은 얼굴이, 그래요. 저의 유년 시절 말입니다.
거의 누크에 다가오고 있습니다.

척박한 땅 그린란드로 나가는 아버지의 아들은, 비행기 안에서 파는 몇 안 되는 면세품 중에서 고른 위스키를 아버지께 보냈습니다. 어떤 술을 사야 할까 고민했습니다. 항상 퇴근하고 돌아오시면 조촐한 술상과 함께 걱정을 잔에 담아 넘기시던 모습을 어렴풋이 기억합니다. 안 드셨으면 좋겠지만, 이제는 아버지의 고달픈 삶을 달콤한 이 술로 달래면 어떠할까라는 생각에 말입니다.

아버지,

수화기 너머로 당신의 소식을 저는 종종 전해 듣고는 합니다.

날씨에 굴하지 않고 일하신다는 이야기를 듣고는 당신의 삶의 무게를 가늠해 보고는 했습니다. 당신의 고달픈 하루의 노동의 무게를 가늠하면서 어리기만 했던 아들은 어른이 되어 갑니다. 어디로 어떻게 흐르든 당신은 청산 하나 품고 살았고, 가난했지만, 비참하지도, 황야를 품고 살지도 않았습니다. 저 아래, 내 가슴 깊은 곳, 맑은 우물은 넘치고, 햇빛도 만지고 바람도 만지면서. 우리를 드높이며 기대 살았던 당신의 등을 잊지 않고 잘 살려고 노력하고 있을 것입니다.

저는 지금 누크로 가고 있습니다. 아주 오래전부터 꿈꾸었던 그린란드 척박한 섬 누크의 깊은 자연에 파묻혀 혼자만의 꿈을 펼치고 오겠습니다. 가방 하나를 들고 홀로 갑니다. 너무 염려는 마세요. 시린 얼음물로 영혼의 심지를 헹궈두고 오겠습니다. 깊은 심연에 있는 저를 헹궈 털고 필히 용서하고 돌아오겠습니다. 저를 부르는 저 하얀 눈들이 손짓하며 부르고 있습니다. 곧 도착할 모양입니다. 안전벨트 매라는 신호 불이 들어와 있습니다.

오 저 아래 하얀 눈들이 보입니다.

편지 둘

처음 이 땅에 내렸을 때, 고된 바람이 불었고 온 세상은 눈과 얼음으로 가득 차 있습니다.

눈밭 위를 질주하는 개 썰매들은 시내를 지나면 이누이트족과 더불어 살아가고 있었고,

그들의 삶의 방식은 아버지와 저 같았습니다.

서머스왁으로 향해 본 내륙의 빙하들은 거대했고 웅장했습니다. 대자연의 앞에 무릎을 꿇고 내 폐마저 다 얼린 것 같습니다. 보이는 것은 끝없이 펼쳐진 순백의 세계이며 푸른빛의 빙하들만이 존재했고 그 외의 생명체는 저와 이누이트 족 가이드 단 둘뿐이었습니다. 마침내 그리운 서머스왁에 당도했단 사실이 믿기지 않습니다.

이 내륙의 빙하는 짧으면 수십 년에서 길면 수만 년 전부터 존재했다고 합니다. 변하지 않은 것이죠. 인간의 간악한 마음은 늘 변하는데도 말입니다. 이누이트 족 가이드는 응악이라는 아이였습니다. 저보다는 어려 보였고 이 대륙의 눈같이 순수해 보였습니다. 인간의 마음은 그 높고 깊은 것들 투성입니다. 빙하가 만들어낸 자연의 동굴들에 색은 순수하게 하얗고 제 마음속을 뚫어 볼 정도로 투명한 것들이 넘쳐났습니다. 그 빙하에 비치는 제 얼굴은 때탄 얼굴과 머리가 뒤엉킨 모습이었지만 마냥 웃음이 나왔습니다.

가이드와 빙산 위에 앉아 한국에서 가지고 온 라면을 나누었습니다. 캠핑용 가스버너 하나와 빙산의 조각을 조그마한 캠핑용 냄비에 끓여 먹었습니다. 응악은 처음 먹어보는 매운 라면을 허겁지겁 먹었습니다. 겨울에는 식량이 많지 않아 준비될 때 먹어야 한다며, 헛기침을 하며 먹는 모습이 안쓰러워 보이기까지 했습니다.

아버지, 당신과 함께 따뜻한 밥을 먹었던 게 기억이 나지 않습니다. 아마 초등학교 3학년 학부모 공개 수업이 마치고는 그렇게 먹었던 것 같습니다. 그날을 기억하십니까. 당신과 오랜만에 먹는 식사에 그날만을 기다리고 기다려 정한 메뉴는 돼지갈비였습니다. 익지도 않은 고기를 허겁지겁 먹고는 식중독에 걸렸습니다. 그날 하루 보면 언제 볼지 모른다는 당신의 옷차림새와 말투들이 그렇게 저를 조바심 나게 했던 것 같습니다. 그날의 기억이 길거리 돼지갈비 냄새를 맡으면 늘 떠오르고는 했죠.

그렇게 그와 투어를 마치고는 응악이 어떻게 생계를 이어나가는지도 궁금해졌습니다. 이 척박한 땅의 유일한 생존법은 사냥뿐이라며 보여주었던 저격 소총 두 자루와, 작살 하나. 그는 자신만만해 보였고 오늘 점심을 제공해 주어 고맙다며, 사냥하는 곳에 따라 나가지 않겠냐며 제안했습니다. 흔쾌히 그의 배를 타고 첫 바다로 향했습니다. 바다에서는 두 가지의 모습이 공존했습니다. 바다와 바람을 뚫고 가며, 유빙들도 부시며 나아갔습니다.

그렇게 한창을 바다로 달렸을까. 그의 얼굴의 수염과 눈썹에는 얼음이 맺히며, 그 고드름들은 떨어질 생각조

차도 안 합니다. 뼈를 뚫고 들어오는 바닷바람은 이겨낼 수 없을 것 같습니다.

그들의 생존 방식은 결국 공존이라는 것을 알았을 때쯤 저의 여행은 끝이 났습니다.

그들은 이방인에게 친절하며 가족과의 화목을 가장 중요시 여기는 사람들이었습니다. 아버지, 전 책에서 그들을 배울 때, 날고기를 먹는 사람들 에스키모로 배웠지만 그들도 그들의 생존 방식이 있었습니다. 불이 붙지 않을 정도로 겨울의 바람은 매서워 구운 고기보단 날고기를 택했고, 바이러스조차 살아남을 수 없는 그곳에서의 그들의 생활은 다른 나라의 사람이 보았다면 야만적으로 느끼었을 수도 있었겠다는 생각이 들었습니다. 이들의 생존 방식은 아름다웠고 순고했습니다.

그린란드의 푸른 눈과 빙산에서 나오는 흐르는 물로 저를 한 번 더 씻어 보았습니다. 덧없이 아름다웠습니다.

보고 싶습니다. 아버지.

눈에 넣어도 안 아픈 내 딸 이민아, 부족함 없이

널 채워주는 사랑을 하렴.

가슴이 아리고 눈물 흘려도 진심으로

널 아껴주는 사랑을 하렴.

채워지고 채워주고 하는 그런 사랑, 다신 못하는 나는

널 보며 누군가를 떠올리고 자장가를 부른다.

희망 없는 세상에서 어떻게든 살아야지 다짐했어. 너 없는 세상은 더 무서워서, 죽음은 네가 없는 세계, 그래서 난 그 세계에 가고 싶지 않아.

슬픔이란 그림자들

 모든 이별을 경험했다고는 할 수 없지만, 어릴 적부터 나는 다른 사람들보다는 많은 이별을 했다. 이별은 늘 나와 함께였다. 늘 나와 내 가족들을 졸졸 따라다니는 그림자처럼. 지겹게 들러붙어 다니다 보니 이제는 그냥 친구하기로 했다.

 아버지 같던 조부와의 이별, 남편을 잃은 조모, 아버지를 잃은 나의 아버지의 슬픔을 가장 가까이서 경험했다. 큰 폭풍의 시간들 속에서 난 그 안에 있었고, 이번 생이 전부인지라. 키 180에 덩치가 좋은 나의 조부는 화구 속에서 2시간 만에 재가 되었다.

  곱게 빻은 조부의 뼛가루들의 온도는, 그게 내 손에 닿았을 때의 온도는 아직도 잊혀지지 않는다. 형형색색 핀 많은 꽃들 사이에 있던 조부의 영정 사진, 해맑게 웃고 있던 내 조부, 그 위로 피어오르는 향들 모두 문틈 사이로 지켜보며, 피어오르는 그 온도를 부정했다.

모두가 이별을 대하는 방식

  처음 남편을 잃은 조모의 슬픔은 이루 말할 수 없었다. 쓰러지고 친인척의 등에 업혀 나왔고, 이후 2달 동안 나의 조부의 사건을 처리하면서 날 보면 방긋 웃어주시던 조모의 얼굴을 한동안 보지 못했던 기억도 있다.

  이제는 볼 수 없는 당신의 아버지를 그리워하는 아버지의 모습들이 있었다. 조부의 시계, 조부의 목도리를 가져가 차 안에서 냄새를 맡으며 눈물을 흘리던 모습이 기억난다.

  이별은 이렇게 각자에게 어떤 방식으로든 찾아온다. 나

또한 장례식 주차장에 앉아. 소리 없이 아우성쳤다. 나와 우리 모두를 두고 간 조부가 미워서.

다시 하고 싶던 말들도

시간이 지나면서, 나의 조모도 아버지도 이젠 나의 조부를 잊은 것 같았다. 난 그게 너무 싫었고 짜증났다. 나만 조부를 기억하는 것 같았다. 조부와의 추억, 삶, 보고 싶은 마음들을 차곡차곡 담아 밥을 짓는 마음으로 당신을 기억해 냈다. 이렇게나마 당신을 기억한다고, 사랑한다고, 보고 싶다고. 당신에게 자랑스러운 손자이고 싶다고 기도했다.

그런 시간들이 지나 당신을 반기던 모든 것들에게 잊혀지니 이제 무서웠다. 나라도 조부의 기일을 챙겨야지. 군에 복무하던 시절에도 휴가를 쓰고 조부의 기일을 잊지 않았다. 이제라도 이 글을 통해 당신에게 다시 하고 싶은 말을 써 보고자 한다.

어린 시절의 나에게

 울어도 돼. 너의 슬픔은 너의 큰 자랑이 될 거야. 주차장에서 울지 말고, 누워 있던 할아버지의 얼굴을 어루만져도 돼. 문틈 사이로 할아버지를 보지 않아도 돼. 그냥 그곳에 가서 차가운 할아버지를 만지면서 안겨도 돼. 그게 마지막일 거야. 제일 후회되는 것은 할아버지의 염을 보지 못했던 거야. 그 이후로 모든 종류의 이별이 주는 슬픔들을 당당하게 받아들이지 못하게 되었거든. 할머니가 실려나올 때. 달려가야 돼. 네가 가장 큰 힘이 될 때거든. 넌 그저 해맑게 웃고 괜찮은 척했잖아. 아버지가 냄새를 맡을 때 너도 참지 말고 맡아. 너의 슬픔은 온전히 너의 것이니까. 13년이 지난 지금도 아직 나는 할아버지가 보고 싶다. 그러니 그날 그 당시의 너는 조금이라도 보고 기억해 줘. 할아버지를 기억해 줘. 너의 슬픔은 너의 큰 자랑이 될 거니까.

우리 그냥 그대로 두자

 모든 슬픔은 한 번에 올 수 없다. 이 모든 것들이 한 계단, 한 계단 슬픔으로 다가온다. 웃음을 잃었던 나의 조모는 이제는 날 보며 행복해하셨고, 나의 아버지는 당시 나의 조부의 역할을 채우느라, 이별의 슬픔을 느끼지 못했던 것 같기도 하다. 각자의 계단에서 숨죽이면서, 올라간다. 그 공백의 슬픔을 우리 서로의 역할로 채웠다. 우리 그냥 그대로 두자.

 사람은 태어나면서부터 죽음을 향해 가는 존재, 산다는 것은 죽어가는 것이라는 금강경의 글귀처럼 자연스럽게 흘러가는 유한한 시간을 애써 붙잡지는 않으련다.

그곳에 평화와 안식이 있기를

 이제 내 글이 이별을 원하지 않는다. 사실 난 할아버지의 영혼을 이어가고 있다고 생각했다. 조부를 기억하지 못하게 만든 이 편협한 세상이 싫었고, 그로 인해 기억하지 않으려고 하는 나의 친인척들도 보고 싶지 않았다.

  조부가 떠나고 왕래가 잦았던 친가 식구들은 정말 4년에 한 번 볼까 말까 했다. 심지어 큰고모의 결혼식에서는 초대도 받지 못했다. 이 모든 슬픔들이 하나하나 모여 내 가슴 속에 큰 나무로 자랐다. 그 기억의 뿌리로 이제는 당당히 조부를 기억하고 추모하는 공간으로 만들 수 있다는 사실이 좋다.

  사자를 너무 오래 기억하고 붙잡아 두면, 좋은 곳에 가지 못한다. 어느 정도는 맞는 말이다. 날 너무 사랑하신 나의 조부가 혹시나 내 곁에 머물고 계셔서 안식과 평화를 누리지 못하실까 봐, 치기 어린 손자의 어리광을 7년 만에 마무리하려고 한다.

  이제는 조부와의 이별을 선택할 것이며, 그곳에서는 영혼의 평화와 안식이 있기를 간절히 빌고 빌어본다.

흐르는 대로, 지나도 괜찮아

  뜨거웠던 여름, 새롭게 누군가와 드라마틱한 사랑에 빠지는 것을 기대했어. 웃긴 이야기지. 그저 당신이 의도치 않은 곳에 있었고, 익숙한 곳이지만 익숙하지 않은 사람과 사랑에 빠져 버릴 줄이야. 아무렇지 않은 우리의 만남이 이제는 무엇과도 바꿀 수 없을 정도로 소중해.

  당신을 만나면서. 나는 그저 당신이 날 보고 웃어주고 맛있는 걸 먹을 때, 포만감을 느끼었어.

  당신을 보며 사념이 사라졌지. 지구는 계속해서 움직이지만 우리의 자전의 시간은 그대로 멈추었어.

멈춘 순간 난 소년으로 돌아가 당신을 하나의 색으로 보면서 어떤 색이 잘 어울릴지 생각해. 날 그 색으로 칠하면서 당신의 색에 닮아가고 싶어. 어느 날에는 조개 잎 하나로 웃는 당신을 보며 작은 것에도 기뻐해 주는 그대가 있기에 내일의 삶의 이유를 둘 수 있었어.

우리의 사랑은 열심이었어. 비좁고 습한 방에서, 우리의 사랑은 자랐어. 그다지 깨끗하지 않은 방에서 누추한 사랑을 기약했고, 싸웠고, 웃었어. 하얀 드레스 이야기를 나눴던가. 우리는 꽃이 가득한 바닥을 걸었지. 아직도 난 그날의 우리를 기억해. 그렇게 끝날 사이가 아니었는데. 둘이 옹기종기 떠들고 웃었던 몽글몽글했던 추억이 기억에 선명하다. 새벽에 준비한 물떡도, 옆구리 터진 유부초밥도 이제는 먹을 수 없어.

슬픔은 만끽하며 사랑이란 감정으로 벽돌을 쌓고 집을 짓자. 시간 그대로의 당신을 사랑하면, 그 시간으로 충분히 사랑할 수 있게 돼. 이 순간의 여름은 다시 돌아오지 않으니까. 난 이 순간의 여름을 사랑할 거야.

처음 떠나보내고, 그렇게 당신을 완전히 떠나보내고 여섯 달 동안 온전히 슬픔을 느끼고 맛보며,
고독의 밤을 새벽의 슬픔을 흐느껴 봤어.
이제는 그의 이름을 들어도 흔들리지 않게 되었어. 미워하다 보니 정이 생기는 것 같아서 그냥 흐느끼지도 않기로 했어.

터지며 밀려왔던 슬픔이란 파도에서 내 몸을 태워 보내니 안에 묵은 생각들이 사라졌고,
지우지 않겠다며 다짐했던 그 이름도 얼굴도 희미해지며 꺼져가네.

인간은 어려운 이별을 하는 것 같아. 매 순간 누군가를 떠나보내면서 살아가고, 여운이 마음 한구석에 남아 그 자리를 맴돌아. 이제는 그런 여운도 아쉬움도 나와 이별할 거야. 나는 그 이별 끝에 만남이 있다는 생각이 들어. 걱정이 앞서지만, 이별과 만남은 하나라고 생각하면서 다음 만남을 준비하면서 이번 이별을 받아들여야겠지.

수백 번의 인사 끝에 정말 나지막한 안녕의 인사에 눈시울이 발개지며 땅을 치고 후회해도 아쉬움은 그 자리를 맴돌며 우리가 사랑했던, 그 집, 할머니, 놀이터 그네, 버스 정류장, 타코야키 차, 지하도로들도 이제는 함께 웃지 못하겠지.

이렇게 흘러가는 거야, 우리도 시간도.

나는 누군갈 정말 사랑했으니 된 거야. 최선을 다해 마음이 남지 않았으니 된 거야. 나는 혼자 너를 느끼며 눈이 아닌 온몸으로 흐느껴 본다. 온 마음으로 흐느껴 본다. 하지만 나는 혼자 널 충분히 느껴도 너는 여기 없다.

| 해설 |

흐르는 대로, 지나도 괜찮아

김양호(소설가)

젊은 작가 안주현의 수필은 스무 살을 전후로 한 성장의 궤적이다. 작가는 당시의 자신을 이렇게 규정한다. "20살, 남들은 모두 기대한다. 자유라는 기꺼운 짐을 어깨에 짊어지고 희망차게 앞으로 나아간다. 자유를 몸에 둘러매며 책임이라는 돌을 끌어내는 결코, 어리지 않은 나이이다." 글을 읽다 보면 자유와 책임을 젊음의 화두로 내건 작가의 말이 결코 상투적인 것이 아님을 알게 된다.

질풍노도의 시기라 불리는 성장기 시절 작가의 삶은 평범하지 않다. 일반적인 성장통과는 다른 경험은 한 사람을 망가트리는 독약이 될 수도 있지만, 때론 삶을 더 깊고 폭넓게 보게 해주는 자양분이 되기도 한다. 작가는 자신의 겪은 혼란스러운 체험을 허투루 넘기지 않고 자신만의 방식으로 발효시켜 작품 속에 투영시킨다.

학창 시절 직접 겪은 친구의 죽음으로부터 배운 살아남은 자의 부채의식은, 아들을 앞세운 친구 어머니의 살아갈 날을 염려하는 배려심으로 성장한다. 실향민 할아버지의 아픔을 지켜보면서 무관심했던 북한에 대해 이념을 넘어선 포용력을 배운다. 폭력 가해자로 교도소를 드나들던 삼촌에 대한 미움은 가족만이 줄 수 있는 사랑이라는 감정으로 환치된다. 부모의 이혼으로 영영 헤어진 아버지, 조부모와 살게 된 환경, 할아버지의 삶, 할머니의 삶 등등 어느 것 하나 작가의 안테나를 벗어나지 않는다. 거기에서 작가는 자신의 성찰의 계기를 만들고 삶의 양분으로 발효시켜 형상화시킨다.

이처럼 삶의 모든 계기를 놓치지 않는 작가의 자세는 〈기차〉라는 글에서 명쾌하게 드러난다. 그 열차에는 지나치는 풍경마다 놓치지 않고 살피는 시선과 글감을 찾아내는 포충망이 달려 있다. 인생이란 한 번밖에 읽지 못하는 책과 같다. 오늘 펼친 페이지를 보다 성실히 읽어내기 위해 노력하는 작가의 모습이 신선하다. 그것은 40년을 살고 나면 부리와 발톱을 뽑고 새로운 삶을 살아가는 매처럼 신산한 삶의 질곡에 정면으로 맞서 싸우겠다는 의지의 소산이다. 그러면서도 삶에 매몰되지 않고 자유롭게, 그러면서도 또한 한 인간으로서 자신과 주변에 대한 책임을 결코 외면하지 않겠다는 삶의 의지가 는개처럼 주변을 아련히 적시고 있다.

젊은 작가 안주현의 앞날이 기대된다. 매스커뮤니케이션에 종사하면서 일반 사람들보다 더 많이 세상을 마주할 기회를 가질 터이므로 포충망에 걸릴 글감이 만만치 않을 것이다. 작가로서 깜깜한 밤도 온통 환하게 맞이하겠다는 의욕을 지닌 안주현에게 잡힌 소재가 어떤 글로 탄생할지 지켜보고 싶다.